초등 필수 영단어를 교과서 문장, 문법과 연결!

KB084738

바빠
영어
시리즈

윤미영 지음
Stephanie Yim 원어민 감수

바쁜

초등학생을 위한

빠른 영단어

Starter 2

이지스에듀

지은이 윤미영

경희대학교 영문학과를 졸업한 후 같은 대학에서 석사 학위를 받았습니다. 그 후 20여 년 동안 초등학생과 중
고생을 위한 영어 교재를 기획하고 만드는 일을 해 왔습니다. 지학사, 디딤돌, 키출판사에서 일하며 ≪문법이
쓰기다≫, ≪단어가 읽기다≫, ≪구문이 독해다≫ 등을 집필했습니다.
취학 전 아이의 인지 능력과 언어 발달을 고려하는 것뿐만 아니라 초중고 교육과정에 맞는 학습 내용을 구성
하고, 아이가 배운 내용을 자기 것으로 자연스럽게 익힐 수 있는 교재를 만들기 위해 노력해 왔습니다.
이런 생각을 담아 ≪바쁜 초등학생을 위한 빠른 영단어 Starter≫ 시리즈를 집필했습니다.

바쁜 초등학생을 위한 빠른 영단어 Starter 2

초판 발행 2022년 1월 31일
초판 3쇄 2024년 9월 25일
지은이 윤미영
발행인 이지연
펴낸곳 이지스퍼블리싱(주)
출판사 등록번호 제313-2010-123호
주소 서울시 마포구 잔다리로 109 이지스 빌딩 5층(우편번호 04003)
대표전화 02-325-1722 팩스 02-326-1723
이지스퍼블리싱 홈페이지 www.easyspub.com   이지스에듀 카페 www.easysedu.co.kr
바빠 아지트 블로그 blog.naver.com/easyspub 인스타그램 @easys_edu
페이스북 www.facebook.com/easyspub2014 이메일 service@easyspub.co.kr

편집장 조은미 기획 및 책임 편집 정지연 편집 이지혜, 박지연, 김현주 원어민 감수 Stephanie Yim 교정 교열 이수정
삽화 한미정, 김학수 표지 및 내지 디자인 정우영, 김용남 조판 책돼지 인쇄 보광문화사 마케팅 라혜주
영업 및 문의 김요한(support@easyspub.co.kr) 독자 지원 박애림

ISBN 979-11-6303-334-9 64740
ISBN 979-11-6303-321-9(세트)
가격 11,000원

알찬 교육 정보도 만나고 출판사 이벤트에도 참여하세요!

1. 바빠 공부단 카페	2. 인스타그램	3. 카카오 플러스 친구
cafe.naver.com/easyispub	@easys_edu	🔍 이지스에듀 검색!

• **이지스에듀**는 이지스퍼블리싱(주)의 교육 브랜드입니다.
 (이지스에듀는 학생들을 탈락시키지 않고 모두 목적지까지 데려가는 책을 만듭니다!)

초등 필수 단어를 문장, 문법과 연결!
3단계 학습법으로 단어가 기억에 더 오래 남아요!

✿ 초등 영어의 능력치를 올리는 핵심, 어휘력!

유아 영어와 초등 영어는 무엇이 다를까요? 자연스러운 '습득(Acquisition)'에 초점을 두어 노출을 중요시하는 유아기와는 달리 초등학생은 습득뿐 아니라 의식적인 '학습(Learning)'도 가능한 시기입니다. 즉, 아이가 스스로 마음을 먹고 공부할 수 있는 단계이기도 합니다.

따라서 초등 영어를 성공으로 이끌기 위해서는 자연스러운 영어 노출 및 읽기로 영어 습득을 독려함과 동시에 스스로 목표를 세우고 성취하는 경험을 쌓게 해 주는 것이 필요합니다.

이때, 초등 영어의 능력치를 올리는 핵심은 바로 '어휘력'입니다. 어휘력이 향상되면 영어에 흥미를 갖게 되고 더 나아가 영어 읽기, 쓰기에 대한 관심으로 이어지기 때문입니다.

✿ 초등 필수 영단어와 교과서 핵심 문장, 문법이 담긴 영단어 책!

≪바쁜 초등학생을 위한 빠른 영단어 Starter≫시리즈는 교육부 권장 필수 영단어와 초등 교과서에 나오는 핵심 문장과 문법 규칙을 담고 있습니다. 영단어를 실생활 및 흥미로운 주제 12가지로 분류한 다음 초등 교과서에 나오는 문장과 문법 규칙에 연결했습니다.

단어와 문장, 문법 규칙이 다음 유닛에 꼬리에 꼬리를 물고 이어지도록 구성해, 영어를 처음 시작하는 아이도 쉽게 터득하며 지적인 재미와 성취감을 얻을 수 있습니다.

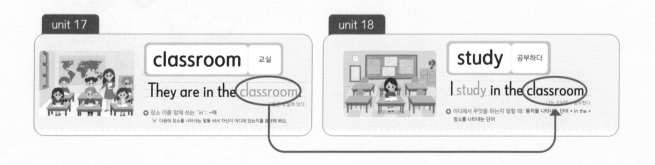

✿ 생활 속 친숙한 단어를 주제별로 모아서 배워요!

초등 저학년은 생활 속에서 쉽게 접하는 주제로 자연스럽게 단어를 연상시키는 학습이 효과적입니다. 학교, 동물, 과일, 학용품 등 친숙한 주제의 단어를 생생한 시각 자료와 결합해 반복하는 방식으로 자연스럽게 익히도록 구성했습니다.

✿ 단어와 문장을 연결해 의미 있게 배워요!

이 책은 단어들끼리 관련짓는 특징을 익히며 단어가 자주 쓰이는 문장을 연결해 의미 있게 학습합니다. 단어가 문장으로 출력(output)되는 생산적인(productive) 학습이라야 어휘력이 향상되기 때문입니다.

✿ 바쁜 아이들을 위해 생각했어요! ― 단기 기억을 장기 기억으로 만드는 3단계 학습법

단어를 내 것으로 만들기 위해서는 여러 번 반복하는 것이 중요합니다. 이 책은 바쁜 아이들이 배운 단어를 까먹지 않도록 학습의 과학을 적용, '3단계 학습법'으로 구성했습니다.

1단계 음원을 들으며 빈칸 채우고 단어 익히기

이 책은 빠진 부분을 채우고 싶어하는 두뇌의 속성을 응용한 '생성 효과'를 적용해 설계했습니다. 음원을 듣고 단어의 빠진 철자를 채워 보세요. 또한 단어를 그림과 함께 배치해, 한 번 익히면 쉽게 잊어버리지 않는 '연상 효과'도 누릴 수 있습니다.

2단계 주제별로 단어를 묶어서 복습하기

주제별 단어 학습이 끝날 때마다 복습 유닛이 구성되어 있습니다. 동물, 학교, 직업 등의 주제별 단어를 모아서 문제를 풀어 보세요. 문제 속 틀린 단어는 다시 한번 써 보면 더 좋겠지요?

3단계 단어 카드를 활용해 외우기

책 속 부록인 단어 카드를 활용해 보세요. 두 개의 카드 상자를 만들고 기억하는 단어는 '외운 단어' 상자로, 헷갈리거나 틀린 단어는 '헷갈리는 단어' 상자로 넣으세요. '헷갈리는 단어' 상자 속 단어만 따로 반복하면 시간 낭비 없이 학습 효율을 높일 수 있습니다.

과학적인 학습 설계가 된 '바빠 영단어'로 초등 영어를 성공적으로 시작하세요!

🎧 1단계

원어민 발음을 들으며 빈칸 채우기

QR코드를 찍어 원어민의 정확한 발음을 듣고 빠진 철자를 채워 보세요. 알맞은 단어를 고르고 문장을 쓰면서 문법 규칙과 연결된 영단어를 자연스럽게 체득할 수 있어요.

✏️ 2단계

복습 유닛으로 기억을 되살리기

동물, 학교, 직업 등의 주제별로 배운 단어를 모아서 복습해요.

주제별로 모아서 익히면 단어의 의미가 서로 연계되어 기억력이 더 오래 지속됩니다.

헷갈리거나 틀린 단어는 연습장에 따로 써 보는 것도 좋습니다.

🐟 3단계

단어 카드로 놀면서 즐겁게 외우기

책 속 부록인 단어 카드를 오려 카드놀이를 해 보세요. 먼저, 오린 카드를 바닥에 모두 펼치세요. 카드를 뒤집으며 우리말 뜻을 말하거나 영어 단어를 말하면서 재미있게 공부해 보세요.

여러 번 반복하면 어느새 단어를 외울 수 있을 거예요.

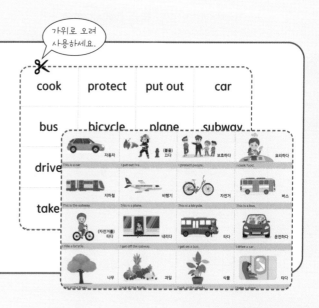

 차 례

바쁜 초등학생을 위한 빠른 영단어 Starter 2

1학년은 하루에 한 유닛씩, 2~3학년은 하루에 두 유닛씩 공부하세요!
뒷 유닛을 공부하기 전, 앞 유닛을 큰 소리로 읽어 보세요!

공부한 날짜

책 속 부록 단어 카드를 더 효과적으로 활용하는 방법

뜻이나 단어 맞히기 게임
1회 차에 단어를 보고 우리말 뜻을 맞혀 보세요. 2회 차에는 우리말을 보고 영어 단어를 맞혀 보세요.

친구들과 단어 찾기 게임
단어 카드를 바닥에 펼쳐 놓고 부모님이 단어를 불러 주면, 빨리 찾는 놀이를 해 보세요. 친구들과 단어 카드를 누가 먼저 찾는지 내기를 하면 더 재미있어요.

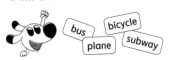

단어 암기 상자 사용하기
두 개의 카드 상자를 준비해 주세요. 그리고 기억하고 있는 단어는 '외운 단어' 상자로, 헷갈리거나 틀린 단어는 '헷갈리는 단어' 상자로 넣고 헷갈리는 단어만 반복해서 외워 보세요.

 **01** 반려동물을 나타내는 말

| cat | 고양이 |

my cat 　나의 고양이

★ 나의 / 너의 동물: my / your + 동물 이름

---

dog
개

빠진 글자를 써 봐요.

my d o g
나의 개

my d__

---

rabbit
토끼

my ra__it
나의 토끼

my r___it

---

fish
물고기

your f__h
너의 물고기

your f___

---

frog
개구리

your f__g
너의 개구리

your f___

A 그림을 보고 알맞은 단어에 O표를 해 보세요.

1. cat   dog   rabbit

2. dog   rabbit   frog

3. fish   frog   cat

4. frog   fish   rabbit

B 그림을 보고 알맞은 말에 √표를 해 보세요.

1. 나의
   ☐ my cat
   ☐ your dog

2. 나의
   ☐ your rabbit
   ☐ my fish

3. 너의
   ☐ my frog
   ☐ your rabbit

4. 너의
   ☐ your frog
   ☐ my dog

C 그림을 보고 알맞은 말을 만들어 써 보세요.

1.
my ~~cat~~
~~dog~~

my dog

2.
my rabbit
dog

3.
my fish
frog

4.
your frog
rabbit

5.
your fish
cat

D 단어를 읽고 알맞은 우리말 뜻을 보기 에서 찾아 써 넣으세요.

보기
✦ 나의 개   ✦ 나의 개구리   ✦ 나의 물고기
✦ 너의 토끼   ✦ 너의 개구리   ✦ 너의 개

1.
| my rabbit | 나의 토끼 |
| your rabbit | |

2.
| my fish | |
| your fish | 너의 물고기 |

3.
| my frog | |
| your frog | |

4.
| my dog | |
| your dog | |

02 야생동물을 나타내는 말

bird | 새

a tall bird
(키가) 큰 새

⭐ 특징이나 상태를 설명하는 말 + 동물: 동물 이름 앞에 그 동물의 크기나 속도 등을 나타내는 단어를 붙이면 동물의 특징이나 상태를 설명할 수 있어요.

monkey
원숭이

빠진 글자를 써 봐요.

a small m_nk__
작은 원숭이

---

bear
곰

a dirty b__r
지저분한 곰

---

lion
사자

a fast li__
빠른 사자

---

elephant
코끼리

a strong el_p__nt
힘센 코끼리

11

A 그림을 보고 알맞은 단어에 O표를 해 보세요.

1. bird   monkey   bear

2. bear   lion   elephant

3. monkey   bird   lion

4. elephant   bear   monkey

B 그림을 보고 알맞은 말에 ✓표를 해 보세요.

1.
☐ a tall bird
☐ a tall lion

2.
☐ a fast bear
☐ a fast lion

3.
☐ a small bear
☐ a small monkey

4.
☐ a strong bird
☐ a strong elephant

C 단어를 읽고 알맞은 우리말 뜻을 보기 에서 찾아 써 보세요.

보기　✦원숭이　✦곰　✦코끼리　✦작은 원숭이　✦빠른 사자　✦힘센 코끼리

1.

| lion | 사자 |
| a fast lion | |

2.

| bear | |
| a dirty bear | 지저분한 곰 |

3.

| monkey | |
| a small monkey | |

4.

| elephant | |
| a strong elephant | |

D 그림을 보고 알맞은 말을 만들어 써 보세요.

1.

a tall ~~bird~~ monkey

2.

a fast ~~bear~~ lion

3.

a strong ~~bird~~ elephant

4.

a dirty bear ~~monkey~~

TIP small이나 fast와 같이 1권에서 배운 단어를 이용하여 동물들의 특징을 다양하게 묘사해 보세요.

03 동물이 할 수 있는 동작

fly	날다

Birds* can fly. 새는 날 수 있다.

⭐ can: ~할 수 있다
can 다음에는 fly처럼 움직임을 나타내는 단어가 와요.

---

swim
헤엄치다, 수영하다

빠진 글자를 써 봐요.

Fish* can s__m.
물고기는 헤엄칠 수 있다.

---

dive
다이빙하다

Frogs can di__.
개구리는 다이빙할 수 있다.

---

climb
오르다

Cats can cli__.
고양이는 오를 수 있다.

---

smile
미소 짓다

Dogs can s__le.
개는 미소 지을 수 있다.

---

*한 종류의 동물 전체를 표현할 때는 birds처럼 동물의 이름 뒤에 s를 붙여 복수형으로 나타낼 수 있어요.
*fish는 여러 마리를 나타낼 때, fish 뒤에 s나 es를 붙이지 않고 그대로 fish로 써요.

A 그림을 보고 알맞은 단어에 O표를 해 보세요.

1.
fly   smile   climb

2.
dive   climb   fly

3.
dive   swim   climb

4.
swim   smile   fly

B 단어를 읽고 알맞은 우리말 뜻을 보기 에서 찾아 써 보세요.

보기   ✦ 오르다   ✦ 다이빙하다   ✦ 헤엄치다   ✦ 날다

1. dive

2. fly

3. climb

4. swim

C 그림을 보고 알맞은 단어를 보기 에서 찾아 써 보세요.

보기　　　　　✦ fly　　✦ dive　　✦ climb　　✦ smile

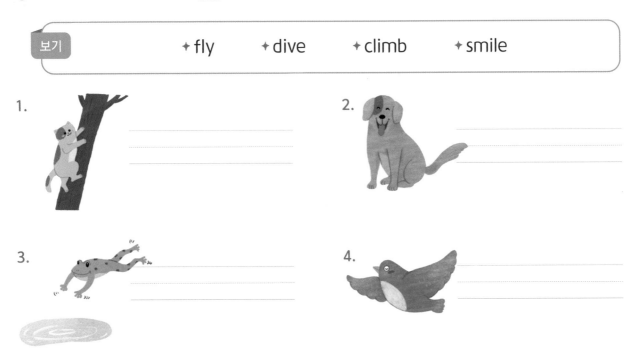

1.

2.

3.

4.

D 그림을 보고 빈칸을 채워 문장을 완성해 보세요.

1. | Fish | can | |
물고기는 헤엄칠 수 있다.

2. | Frogs | can | |
개구리는 다이빙할 수 있다.

3. | Cats | | |
고양이는 오를 수 있다.

4. | Dogs | | |
개는 미소 지을 수 있다.

04 동물이 할 수 없는 동작

walk | 걷다

Fish can't walk. 물고기는 걸을 수 없다.

⭐ can't: ~할 수 없다
can't는 can not의 줄임말로, 할 수 없는 일을 말할 때 써요.

---

dance
춤추다

빠진 글자를 써 봐요.

Rabbits can't da__e .
토끼는 춤출 수 없다.

---

talk
말하다

Bears can't t__k .
곰은 말할 수 없다.

---

clap
박수를 치다

Lions can't cl__ .
사자는 박수를 칠 수 없다.

---

ski
스키를 타다

Monkeys can't sk_ .
원숭이는 스키를 탈 수 없다.

17

A 그림을 보고 알맞은 단어에 O표를 해 보세요.

1. walk   dance   clap

2. talk   clap   dance

3. ski   walk   talk

B 그림을 보고 알맞은 단어를 골라 문장을 완성해 보세요.

1. Lions
can	walk
(can't)	(clap)
.

사자는 박수를 칠 수 없어.

2. Rabbits
can	dance
can't	talk
.

토끼는 춤을 출 수 없어.

3. Monkeys
can	dance
can't	ski
.

원숭이는 스키를 탈 수 없어.

C 그림을 보고 알맞은 단어를 [보기] 에서 찾아 써 보세요.

[보기] ✦ walk   ✦ dance   ✦ ski   ✦ clap

1.

2.

3.

4.

D 그림을 보고 빈칸을 채워 문장을 완성해 보세요.

1. | Bears | can't | |
.
곰은 말할 수 없다.

2. | Lions | can't | |
.
사자는 박수를 칠 수 없다.

3. | Monkeys | | |
.
원숭이는 스키를 탈 수 없다.

4. | Rabbits | | |
.
토끼는 춤출 수 없다.

A 그림에 알맞은 단어를 보기 에서 골라 두 번씩 써 보세요.

보기

rabbit

fish

frog

1.

fish

2.

3.

보기

cat

monkey

lion

4.

5.

6.

보기

bear

bird

elephant

7.

8.

9.

B 그림을 보고 알맞은 단어에 O표를 해 보세요.

1.

swim

smile

2.
fly

dive

3.
talk

walk

4.
dance

ski

5.
clap

smile

6.
walk

dive

7.
ski

climb

8.
fly

clap

C 우리말에 맞게 알맞은 단어를 보기 에서 고르고, can을 이용하여 문장을 완성해 보세요.

보기 　　　　　　　✦dive　　✦fly　　✦climb

1.
Birds ___can___ ___fly___ • 새는 날 수 있다.

2.
Cats _____ _____ • 고양이는 오를 수 있다.

3.
Frogs _____ _____ • 개구리는 다이빙할 수 있다.

D 주어진 단어와 문장부호를 바르게 배열하여 문장을 완성해 보세요.

1.
can't　　Rabbits　　.　　dance

➡ _____
토끼는 춤출 수 없다.

2.
.　　can't　　Lions　　clap

➡ _____
사자는 박수를 칠 수 없다.

3.
talk　　.　　can't　　Bears

➡ _____
곰은 말할 수 없다.

22

06 1부터 5까지 수를 나타내는 말

| **one** | 1, 하나 |

I have one fish.   나는 물고기 한 마리를 가지고 있다.

★ 물건이나 동물의 개수를 말할 때: 숫자 + 물건·동물의 이름
'I have ~'를 이용하여 자신이 가지고 있는 물건이나 동물의 개수를 말해 보세요.

two
2, 둘

빠진 글자를 써 봐요.

I have t__ fish.
나는 물고기 두 마리를 가지고 있다.

three
3, 셋

I have thr__ fish.
나는 물고기 세 마리를 가지고 있다.

four
4, 넷

I have f__r fish.
나는 물고기 네 마리를 가지고 있다.

five
5, 다섯

I have fi__ fish.
나는 물고기 다섯 마리를 가지고 있다.

A 어항 속 물고기의 수를 세어, 수와 일치하는 단어에 O표를 해 보세요.

1.
three   two   one

2.
two   three   four

3.
one   four   five

4.
five   three   two

B 단어를 읽고 알맞은 우리말 뜻을 보기 에서 찾아 써 넣으세요.

보기   ✦ 하나   ✦ 다섯   ✦ 셋   ✦ 넷

1. three

2. one

3. five

4. four

C 숫자를 보고 알맞은 단어를 보기 에서 찾아 써 보세요.

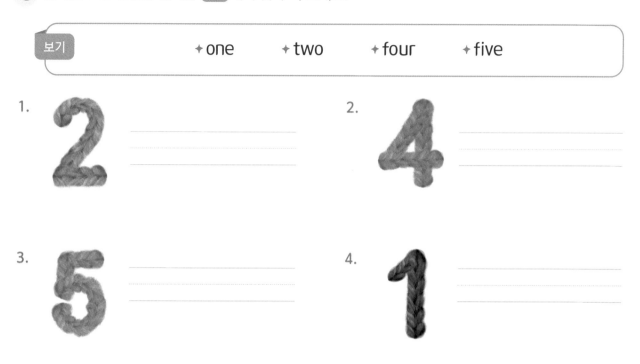

보기   ✦ one   ✦ two   ✦ four   ✦ five

1. **2** _____

2. **4** _____

3. **5** _____

4. **1** _____

D 그림을 보고 빈칸을 채워 문장을 완성해 보세요.

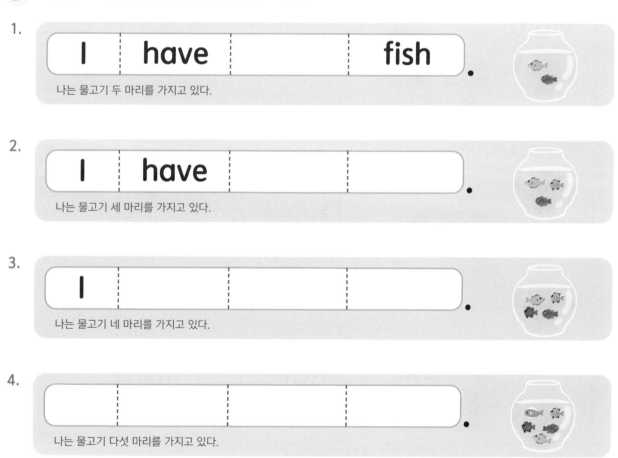

1. | I | have | | fish | .

나는 물고기 두 마리를 가지고 있다.

2. | I | have | | | .

나는 물고기 세 마리를 가지고 있다.

3. | I | | | | .

나는 물고기 네 마리를 가지고 있다.

4. | | | | | .

나는 물고기 다섯 마리를 가지고 있다.

 **07** **6부터 10까지 수를 나타내는 말**

| six | 6, 여섯 |

I have six fish. 나는 물고기 여섯 마리를 가지고 있다.

---

seven
7, 일곱

 빠진 글자를 써 봐요.

I have s__en fish.
나는 물고기 일곱 마리를 가지고 있다.

---

eight
8, 여덟

I have ei__t fish.
나는 물고기 여덟 마리를 가지고 있다.

---

nine
9, 아홉

I have n__e fish.
나는 물고기 아홉 마리를 가지고 있다.

---

ten
10, 열

I have t__ fish.
나는 물고기 열 마리를 가지고 있다.

A 어항 속 물고기의 수를 세어, 수와 일치하는 단어에 ○표를 해 보세요.

1. 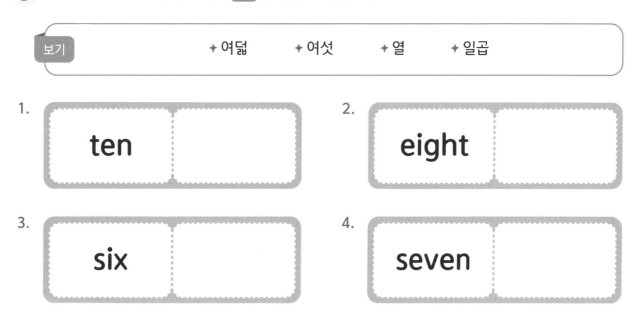 six   seven   eight

2. seven   eight   nine

3. eight   nine   ten

4. six   seven   ten

B 단어를 읽고 알맞은 우리말 뜻을 보기 에서 찾아 써 넣으세요.

보기   ✦ 여덟   ✦ 여섯   ✦ 열   ✦ 일곱

1. ten

2. eight

3. six

4. seven

C 숫자를 보고 알맞은 단어를 보기 에서 찾아 써 보세요.

보기　　　　✦eight　　✦seven　　✦six　　✦nine

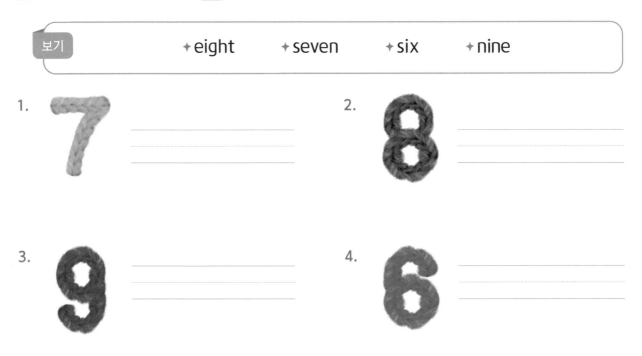

1. 7 _____

2. 8 _____

3. 9 _____

4. 6 _____

D 그림을 보고 빈칸을 채워 문장을 완성해 보세요.

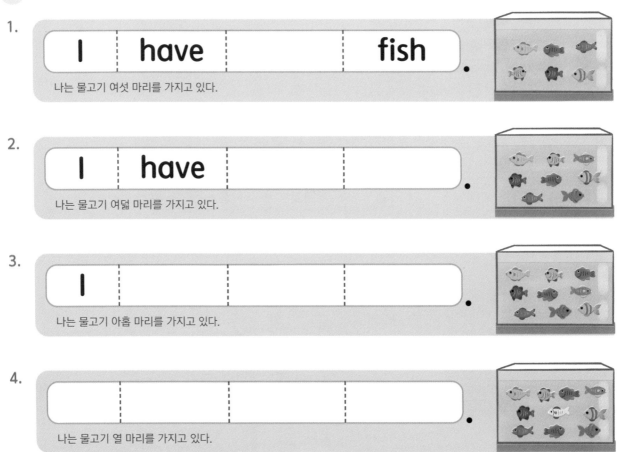

1. | I | have | | fish | .
나는 물고기 여섯 마리를 가지고 있다.

2. | I | have | | | .
나는 물고기 여덟 마리를 가지고 있다.

3. | I | | | | .
나는 물고기 아홉 마리를 가지고 있다.

4. | | | | | .
나는 물고기 열 마리를 가지고 있다.

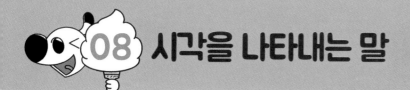

08 시각을 나타내는 말

one o'clock 1시

It's one o'clock. 1시이다.

★ 정각을 말할 때: 숫자 + o'clock
It's는 It is의 줄임말로, 시각을 나타낼 때 보통 'It's ~'를 이용해서 말해요.

twelve o'clock
12시

two o'clock
2시

eleven o'clock
11시

three o'clock
3시

ten o'clock
10시

four o'clock
4시

It's two o'clock.과
같이 말해 봐요.

nine o'clock
9시

five o'clock
5시

eight o'clock
8시

six o'clock
6시

seven o'clock
7시

A 그림을 보고 알맞은 말을 만들어 써 보세요.

1.

(one) o'clock
two

one o'clock

2.

three o'clock
four

3.

five o'clock
six

4.

eight o'clock
seven

5.

nine o'clock
ten

6.

twelve o'clock
eleven

B 그림을 보고 알맞은 말을 보기 에서 찾아 써 보세요.

보기   ✦ twelve o'clock   ✦ two o'clock   ✦ seven o'clock   ✦ eleven o'clock

1.

2.

3.

4.

C 그림을 보고 빈칸을 채워 문장을 완성해 보세요.

1. It's _____ o'clock .
   4시다.   4:00

2. It's _____ _____ .
   8시다.   8:00

3. It's _____ _____ .
   10시다.   10:00

4. _____ _____ _____ .
   12시다.   12:00

TIP What time is it?과 같이 현재 시각을 물으면 It's ten o'clock.처럼 'It's ~' 표현을 활용해 답할 수 있어요.

 **09 요일을 나타내는 말**

| Sunday | 일요일 |

It's Sunday. 일요일이다.

⭐ 요일을 말할 때: It's + 요일

빠진 글자를 써 보요.

Monday
월요일

It's M__day . 월요일이다.

Tuesday
화요일

It's T__sday . 화요일이다.

Wednesday
수요일

It's We__esday . 수요일이다.

Thursday
목요일

It's Th__sday . 목요일이다.

Friday
금요일

It's F__day . 금요일이다.

Saturday
토요일

It's S__urday . 토요일이다.

TIP What day is it?(무슨 요일인가요?)로 물으면, 'It's + 요일'과 같이 대답할 수 있어요.

A 우리말 뜻에 알맞은 단어의 철자를 순서대로 써 보세요.

1.

Snyuda
일요일

2.

Mdnyao
월요일

3.

Teudyas
화요일

4.

Wendyesda
수요일

5.

Thyurdas
목요일

6.

Fyidar
금요일

7.

Staudyra
토요일

요일은 항상
대문자로 시작해요.

B 요일 이름을 보기 에서 찾아 순서대로 써 보세요.

보기 ✦Friday   ✦Saturday   ✦Monday   ✦Wednesday

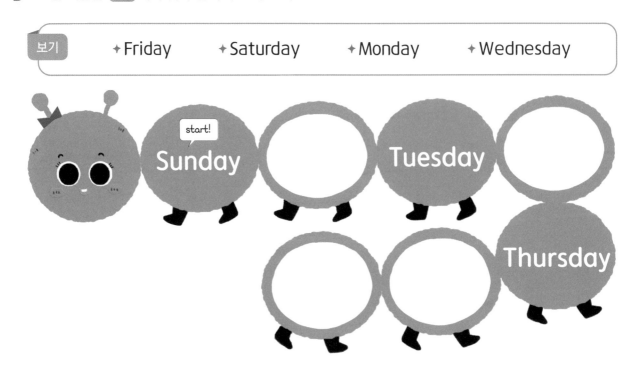

C 달력을 보고 빈칸을 채워 문장을 완성해 보세요.

1.
It's _____ . 일요일이다.

2.
It's _____ . 화요일이다.

3.
_____ . 목요일이다.

4.
_____ . 토요일이다.

A 그림에 알맞은 단어를 보기 에서 골라 두 번씩 써 보세요.

보기

one

four

eight

1.

2.

3.

보기

three

five

ten

4.

5.

6.

보기

Thursday

Tuesday

Friday

7.

8.

9.

그림을 보고 알맞은 말에 O표를 해 보세요.

1.

one o'clock

two o'clock

2.

five o'clock

four o'clock

3.

ten o'clock

eleven o'clock

4.

seven o'clock

eight o'clock

C 요일의 순서를 생각하며 빈칸에 알맞은 요일을 써 보세요.

1.

| Sunday | Monday | Tuesday |

2.

| Monday | | Wednesday |

3.

| Thursday | | Saturday |

36

D 주어진 단어와 문장부호를 바르게 배열하여 문장을 완성해 보세요.

1.

fish	.	have	I	five

➡ _____

나는 물고기 다섯 마리를 가지고 있다.

2.

.	eight	I	have	fish

➡ _____

나는 물고기 여덟 마리를 가지고 있다.

3.

I	fish	.	have	ten

➡ _____

나는 물고기 열 마리를 가지고 있다.

E 우리말에 맞게 알맞은 단어를 보기 에서 고르고, o'clock을 이용하여 문장을 완성해 보세요.

보기   ✦seven   ✦eleven   ✦twelve

1.

It's _____ _____ • 12시다.

2.

It's _____ _____ • 7시다.

3.

It's _____ _____ • 11시다.

37

11 운동 경기를 나타내는 말

soccer 축구

I play soccer. 나는 축구를 한다.

⭐ '운동하다'라는 뜻의 play: play + 운동 경기 이름

baseball 야구

빠진 글자를 써 봐요.

I play b__eball.
나는 야구를 한다.

tennis 테니스

I play te__is.
나는 테니스를 친다.

badminton 배드민턴

I play bad___ton.
나는 배드민턴을 친다.

basketball 농구

I play b___etball.
나는 농구를 한다.

A 그림을 보고 알맞은 단어에 O표를 해 보세요.

1. soccer   tennis

2. baseball   badminton

3. tennis   badminton

4. basketball   soccer

B 단어를 읽고 알맞은 우리말 뜻을 보기 에서 찾아 써 넣으세요.

보기   ✦ 야구   ✦ 배드민턴   ✦ 축구   ✦ 농구

1. **badminton**

2. **soccer**

3. **baseball**

4. **basketball**

C 그림을 보고 알맞은 단어를 보기 에서 찾아 써 보세요.

보기   ✦soccer   ✦baseball   ✦basketball   ✦tennis

1. _____
   _____

2. _____
   _____

3. _____
   _____

4. _____
   _____

D 그림을 보고 빈칸을 채워 문장을 완성해 보세요.

1. I | play | _____ .

나는 야구를 한다.

2. I | play | _____ .

나는 배드민턴을 친다.

3. I | _____ | _____ .

나는 농구를 한다.

4. _____ | _____ | _____ .

나는 축구를 한다.

12 악기를 나타내는 말

piano | 피아노

I play the piano. 나는 피아노를 연주한다.

⭐ '연주하다'라는 뜻의 play: play + the + 악기 이름

---

violin
바이올린

빠진 글자를 써 봐요.

I play the v___in .
나는 바이올린을 연주한다.

---

guitar
기타

I play the gui___ .
나는 기타를 연주한다.

---

cello
첼로

I play the ce__o .
나는 첼로를 연주한다.

---

drum
드럼

I play the d__m .
나는 드럼을 연주한다.

A 그림을 보고 알맞은 말에 √표를 해 보세요.

1.

piano	violin	cello
○	○	○

2.

guitar	cello	drum
○	○	○

3.

piano	guitar	drum
○	○	○

4.

guitar	violin	cello
○	○	○

B 단어를 읽고 알맞은 우리말 뜻을 보기 에서 찾아 써 넣으세요.

보기   ✦ 피아노   ✦ 기타   ✦ 드럼   ✦ 바이올린

1.
violin	

2.
drum	

3.
piano	

4.
guitar	

C 그림을 보고 알맞은 단어를 보기 에서 찾아 써 보세요.

보기   ✦ piano   ✦ violin   ✦ guitar   ✦ drum

1. _____

2. _____

3. _____

4. _____

D 그림을 보고 빈칸을 채워 문장을 완성해 보세요.

1.

I	play	the	

.

나는 피아노를 연주한다.

2.

I		the	

.

나는 드럼을 연주한다.

3.

I			

.

나는 첼로를 연주한다.

4.

.

나는 바이올린을 연주한다.

 **13** 하루의 인사를 나타내는 말

| morning | 아침 |

Good morning. 안녕하세요.
(좋은 아침이에요.)

★ 하루의 인사: Good + 하루의 시간을 나타내는 말

---

afternoon
오후

빠진 글자를 써 봐요.

Good after_____.
안녕하세요.(좋은 오후예요.)

---

evening
저녁

Good ___ning.
안녕하세요.(좋은 저녁이에요.)

---

night
밤

Good ni___.
안녕히 주무세요.(잘 자요.)

---

bye
안녕

Goodb__.
안녕히 가세요.(잘 가요.)

A 그림을 보고 알맞은 단어에 ✓표를 해 보세요.

1.

morning	night	evening
○	○	○

2.

bye	evening	morning
○	○	○

3.

bye	night	afternoon
○	○	○

4.

afternoon	night	morning
○	○	○

B 단어를 읽고 알맞은 우리말 뜻을 보기 에서 찾아 써 넣으세요.

보기　　　✦아침　✦오후　✦저녁　✦밤

1. **afternoon** [　　]

2. **night** [　　]

3. **evening** [　　]

4. **morning** [　　]

C 그림을 보고 알맞은 단어를 보기 에서 찾아 써 보세요.

D 그림을 보고 시간대에 어울리는 단어를 보기 에서 찾아 하루의 인사를 완성해 보세요.

1.
Good
안녕하세요.(좋은 아침이에요.)

2.
Good
안녕하세요.(좋은 오후예요.)

3.
Good
안녕하세요.(좋은 저녁이에요.)

4.
Good
안녕히 주무세요.(잘 자요.)

보기 + night + morning + evening + afternoon

 **14 하루의 일과를 나타내는 말**

breakfast 아침 식사

It's time for breakfast.
아침 식사 할 시간이다.

⭐ It's time for ~: ~할 시간이다
'It's time for ~' 다음에 자신이 할 일을 써서 무엇을 할 시간인지를 표현해 봐요.

lunch 점심 식사

빠진 글자를 써 봐요.

It's time for ___ch .
점심 식사 할 시간이다.

dinner 저녁 식사

It's time for di__er .
저녁 식사 할 시간이다.

bath 목욕

It's time for b__h .
목욕할 시간이다.

class 수업

It's time for cl_s_ .
수업할 시간이다.

A 그림을 보고 알맞은 단어에 O표를 해 보세요.

1.
breakfast   lunch   bath

2.
breakfast   lunch   class

3.
lunch   dinner   bath

4.
class   bath   dinner

B 단어를 읽고 알맞은 우리말 뜻을 보기 에서 찾아 써 넣으세요.

보기   ✦ 아침 식사   ✦ 점심 식사   ✦ 저녁 식사   ✦ 수업

1.
class

2.
lunch

3.
breakfast

4.
dinner

C 그림을 보고 알맞은 단어를 보기 에서 찾아 써 보세요.

보기 ✦ breakfast ✦ lunch ✦ class ✦ bath

1.

2.

3.

4.

D 그림을 보고 빈칸을 채워 문장을 완성해 보세요.

1. | It's | time | for | |
   아침 식사 할 시간이다.

2. | It's | | for | |
   점심 식사 할 시간이다.

3. | It's | | | |
   저녁 식사 할 시간이다.

4. | | | | |
   수업할 시간이다.

A 그림에 알맞은 단어를 보기 에서 찾아 두 번씩 써 보세요.

보기

soccer

tennis

baseball

1.

2.

3.

보기

piano

violin

guitar

4.

5.

6.

보기

drum

basketball

badminton

7.

8.

9.

B 그림을 보고 알맞은 단어에 O표를 해 보세요.

1.
morning

evening

2.
afternoon

night

3.
breakfast

lunch

4.
lunch

dinner

5.
bath

class

6.
afternoon

night

7.
class

lunch

8.
evening

breakfast

C 주어진 단어와 문장부호를 바르게 배열하여 문장을 완성해 보세요.

1.

| lunch | . | time | It's | for |

➡ _____ 점심 식사 할 시간이다.

2.

| for | time | It's | . | breakfast |

➡ _____ 아침 식사 할 시간이다.

3.

| . | It's | dinner | for | time |

➡ _____ 저녁 식사 할 시간이다.

D 우리말에 맞게 알맞은 단어를 보기 에서 찾아 써 보세요.

보기   ✦baseball   ✦cello   ✦basketball

1. I play the _____ • 나는 첼로를 연주한다.

2. I play _____ • 나는 농구를 한다.

3. I play _____ • 나는 야구를 한다.

52

16 공부에 필요한 물건

| **book** | 책 |

It is a book. 그것은 책이다.

pencil
연필

빠진 글자를 써 봐요.

It is a p_ _cil .
그것은 연필이다.

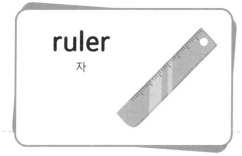

ruler
자

It is a r_ _er .
그것은 자다.

crayon
크레용

It is a c_ _ _on .
그것은 크레용이다.

notebook
공책

It is a no_ _ _ook .
그것은 공책이다.

53

A 그림을 보고 알맞은 단어에 O표를 해 보세요.

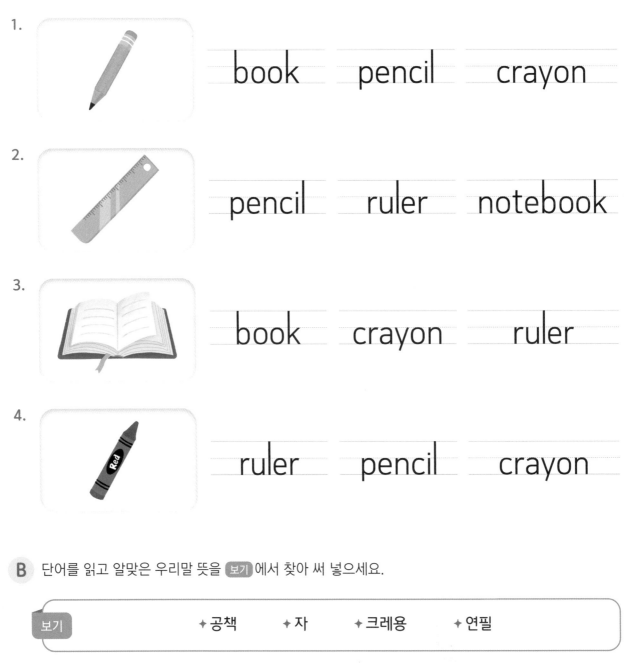

1. book   pencil   crayon

2. pencil   ruler   notebook

3. book   crayon   ruler

4. ruler   pencil   crayon

B 단어를 읽고 알맞은 우리말 뜻을 보기 에서 찾아 써 넣으세요.

보기   ✦공책   ✦자   ✦크레용   ✦연필

1. pencil

2. ruler

3. crayon

4. notebook

C 그림을 보고 알맞은 단어를 보기 에서 찾아 써 보세요.

보기   ✦ pencil   ✦ ruler   ✦ crayon   ✦ notebook

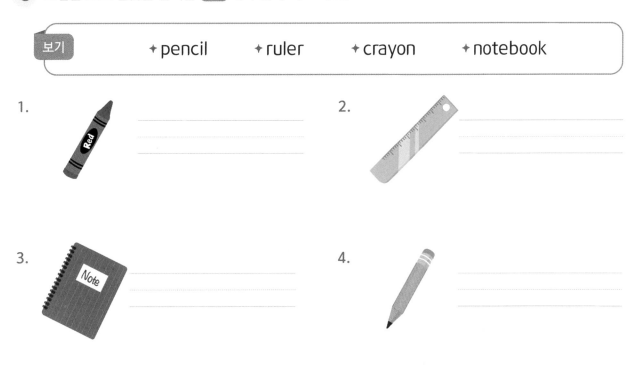

1.

2.

3.

4.

D 그림을 보고 빈칸을 채워 문장을 완성해 보세요.

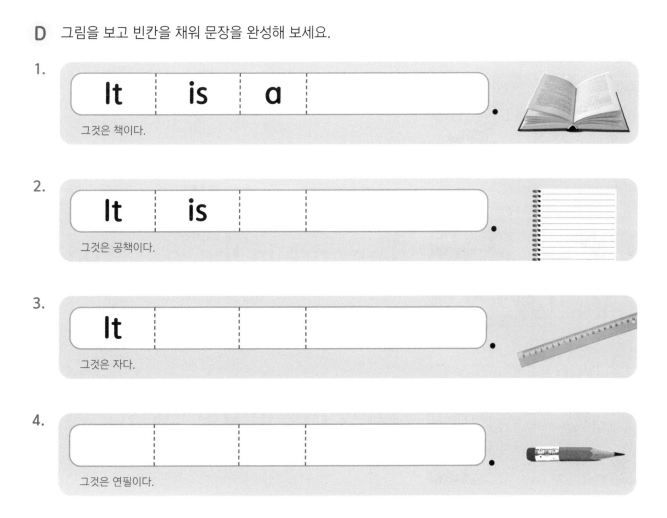

1.

| It | is | a | |

그것은 책이다.

2.

| It | is | | |

그것은 공책이다.

3.

| It | | | |

그것은 자다.

4.

| | | | |

그것은 연필이다.

17 학교에서 만나는 장소

classroom 교실

They are in the classroom.

그들은 교실에 있다.

⭐ 장소 이름 앞에 쓰는 'in' : ~에

'in' 다음에 장소를 나타내는 말을 써서 자신이 어디에 있는지를 표현해 봐요.

music room 음악실

빠진 글자를 써 봐요.

They are in the music r____ .

그들은 음악실에 있다.

library 도서관

They are in the lib___y .

그들은 도서관에 있다.

art room 미술실

They are in the a__ room .

그들은 미술실에 있다.

playground 운동장, 놀이터

They are in the playg___nd .

그들은 운동장에 있다.

A 그림을 보고 알맞은 단어에 O표를 해 보세요.

1.
library   playground

2.
library   music room

3.
art room   music room

4.
classroom   playground

B 단어를 읽고 우리말 뜻을 보기 에서 찾아 써 넣으세요.

보기   ✦미술실   ✦교실   ✦도서관   ✦음악실

1.
art room

2.
classroom

3.
music room

4.
library

C 그림을 보고 알맞은 단어를 보기 에서 찾아 써 보세요.

보기   ✦music room   ✦art room   ✦library   ✦playground

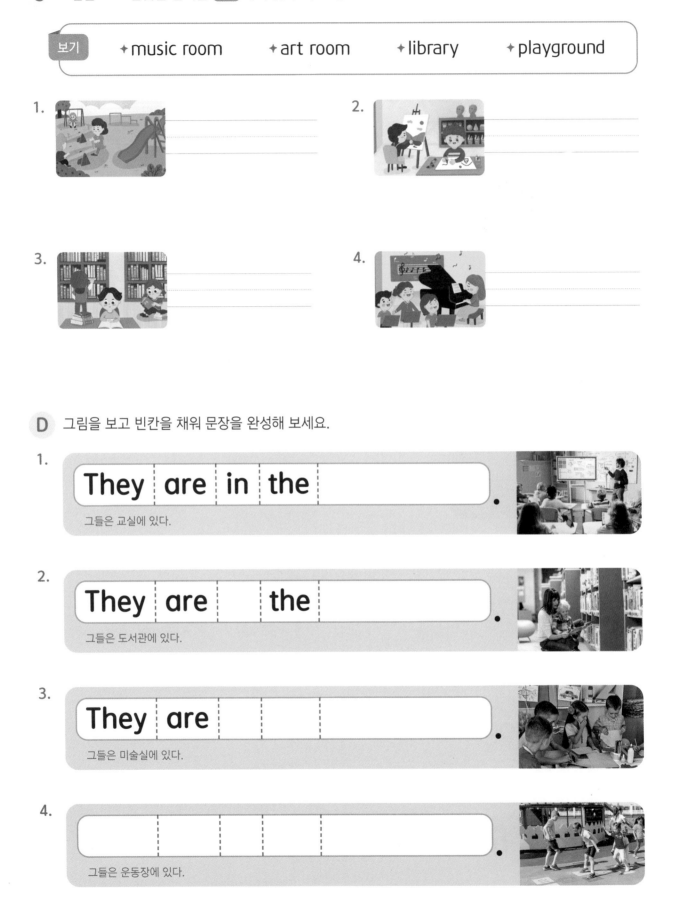

1.

2.

3.

4.

D 그림을 보고 빈칸을 채워 문장을 완성해 보세요.

1.
They are in the
그들은 교실에 있다.

2.
They are   the
그들은 도서관에 있다.

3.
They are
그들은 미술실에 있다.

4.
그들은 운동장에 있다.

18 학교 생활을 나타내는 말

study 공부하다

I study **in the classroom.**

나는 교실에서 공부한다.

⭐ 어디에서 무엇을 하는지 말할 때: 동작을 나타내는 단어 + in the + 장소를 나타내는 단어

read 읽다

빠진 글자를 써 봐요.

I re___ **in the library.**

나는 도서관에서 (책을) 읽는다.

---

draw 그리다

I dr___ **in the art room.**

나는 미술실에서 (그림을) 그린다.

---

sing 노래하다

I s___g **in the music room.**

나는 음악실에서 노래한다.

---

swing 그네를 타다

I s____g **in the playground.**

나는 운동장에서 그네를 탄다.

59

A 그림을 보고 알맞은 단어에 O표를 해 보세요.

1. 　　draw　　sing　　study

2. 　　swing　　read　　sing

3. 　　study　　draw　　sing

4. 　　read　　swing　　study

B 단어를 읽고 알맞은 우리말 뜻을 [보기] 에서 찾아 써 보세요.

보기　　✦ 그리다　　✦ 읽다　　✦ 도서관에서 (책을) 읽다　　✦ 교실에서 공부하다
　　　　✦ 운동장에서 그네를 타다　　✦ 미술실에서 (그림을) 그리다

1.		2.	
study	공부하다	draw	
study in the classroom		draw in the art room	

3.		4.	
swing	그네를 타다	read	
swing in the playground		read in the library	

C 그림을 보고 알맞은 단어를 보기 에서 찾아 써 보세요.

보기 ✦ draw   ✦ read   ✦ swing   ✦ sing

1.

2.

3.

4.

D 그림을 보고 빈칸을 채워 문장을 완성해 보세요.

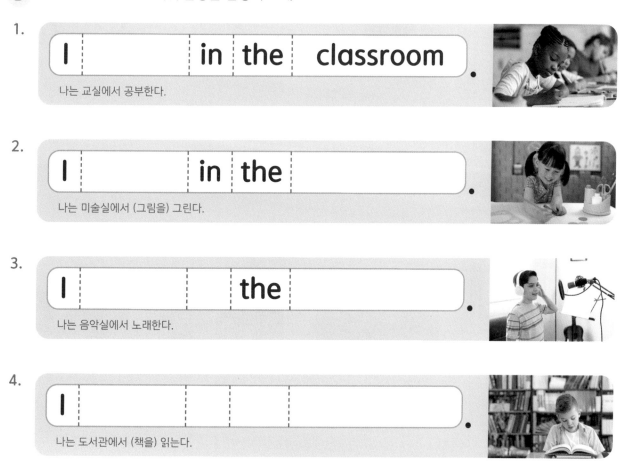

1. I _____ in the classroom .

나는 교실에서 공부한다.

2. I _____ in the _____ .

나는 미술실에서 (그림을) 그린다.

3. I _____ the _____ .

나는 음악실에서 노래한다.

4. I _____ .

나는 도서관에서 (책을) 읽는다.

A 그림에 알맞은 단어를 보기 에서 찾아 두 번씩 써 보세요.

보기

ruler

pencil

book

1.

2.

3.

보기

crayon

notebook

music room

4.

5.

6.

보기

playground

art room

library

7.

8.

9.

62

B 그림을 보고 알맞은 단어를 찾아 O표를 해 보세요.

1.

study

sing

2.

read

draw

3.

swing

study

4.

swing

read

C 동작과 어울리는 장소를 찾아 선으로 연결해 보세요.

1.

sing

•   •   in the classroom

2.

study

•   •   in the music room

3.
draw

•   •   in the art room

D 주어진 단어와 문장부호를 바르게 배열하여 문장을 완성해 보세요.

1.
| are | library | in the | They | . |

➡ _____

그들은 도서관에 있다.

2.
| They | in the | . | playground | are |

➡ _____

그들은 운동장에 있다.

3.
| music room | are | They | . | in the |

➡ _____

그들은 음악실에 있다.

E 우리말에 맞게 알맞은 단어를 보기 에서 찾아 써 보세요.

보기   ✦ read   ✦ study   ✦ draw

1.
I _____ in the art room.

나는 미술실에서 (그림을) 그린다.

2.
I _____ in the library.

나는 도서관에서 (책을) 읽는다.

3.
I _____ in the classroom.

나는 교실에서 공부한다.

64

 **20 직업을 나타내는 말**

doctor 의사

I am a doctor. 나는 의사이다.

⭐ 내가 하는 일이나 직업을 말할 때: I am ~ (나는 ~이다)

teacher 선생님

빠진 글자를 써 봐요.

I am a t__cher.
나는 선생님이다.

chef 요리사

I am a c__f.
나는 요리사이다.

firefighter 소방관

I am a f__e_ighter.
나는 소방관이다.

police officer 경찰관

I am a police ___icer.
나는 경찰관이다.

A 그림을 보고 알맞은 단어에 O표를 해 보세요.

1. doctor   chef

2. chef   doctor

3. firefighter   police officer

4. police officer   teacher

B 단어를 읽고 알맞은 우리말 뜻을 보기 에서 찾아 써 넣으세요.

보기   ✦ 의사   ✦ 선생님   ✦ 경찰관   ✦ 소방관

1. **teacher**

2. **doctor**

3. **firefighter**

4. **police officer**

C 그림을 보고 알맞은 단어를 [보기] 에서 찾아 써 보세요.

[보기]　　◆ teacher　　◆ chef　　◆ police officer　　◆ firefighter

1.

2.

3.

4.

D 그림을 보고 빈칸을 채워 문장을 완성해 보세요.

1. | I | am | a | |

나는 의사이다.

2. | I | am | | |

나는 선생님이다.

3. | I | | | |

나는 요리사이다.

4. | | | | |

나는 경찰관이다.

TIP What do you do?(무슨 일을 하나요?)라고 묻고, 'I am a ~' 문장을 활용해 대답하는 연습을 해 보세요!

21 일하는 장소를 나타내는 말

school 학교

I work in a school. 나는 학교에서 일한다.

☆ 일하는 장소를 말할 때: in + 장소를 나타내는 단어
내가 일하는 장소를 설명할 때는 'I work in + 장소를 나타내는 단어'로 말해요.

hospital
병원

빠진 글자를 써 봐요.

I work in a h__pital .
나는 병원에서 일한다.

restaurant
식당

I work in a rest__rant .
나는 식당에서 일한다.

fire station
소방서

I work in a fire ___tion .
나는 소방서에서 일한다.

police station
경찰서

I work in a po___e station .
나는 경찰서에서 일한다.

A 그림을 보고 알맞은 단어에 O표를 해 보세요.

1.
school   hospital

2.
fire station   restaurant

3.
restaurant   school

4.
fire station   police station

B 단어를 읽고 알맞은 우리말 뜻을 보기 에서 찾아 써 넣으세요.

보기   ✦ 소방서   ✦ 병원   ✦ 학교   ✦ 경찰서

1.
hospital

2.
school

3.
fire station

4.
police station

C 그림을 보고 알맞은 단어를 보기 에서 찾아 써 보세요.

보기 ◆ hospital   ◆ restaurant   ◆ fire station   ◆ school

1. _____

2. _____

3. _____

4. _____

D 그림을 보고 빈칸을 채워 문장을 완성해 보세요.

1. | I | work | in | a | | .
나는 병원에서 일한다.

2. | I | work | in | | .
나는 식당에서 일한다.

3. | I | work | | | .
나는 경찰서에서 일한다.

4. | | | | | .
나는 소방서에서 일한다.

22 하는 일을 나타내는 말

doctor

help 돕다

I help people.

나는 사람들을 돕는다.

▶ 다양한 직업을 가진 사람들이 어떤 일을 하는지 알아봐요.

teach 가르치다
teacher

빠진 글자를 써 봐요.

I tea___ students.*

나는 학생들을 가르친다.

cook
요리하다
chef

I c___k food.*

나는 음식을 요리한다.

protect
보호하다
police officer

I prot___t people.

나는 사람들을 보호한다.

put out
(불을) 끄다
firefighter

I p___ out fire.*

나는 불을 끈다.

*people: 사람들   student: 학생   food: 음식   fire: 불

A 그림을 보고 알맞은 단어에 O표를 해 보세요.

1.  help   teach   protect

2.  protect   cook   teach

3.  cook   help   put out

4.   teach   cook   put out

B 단어를 읽고 알맞은 우리말 뜻을 보기 에서 찾아 써 넣으세요.

보기   ✦ 요리하다   ✦ 가르치다   ✦ 돕다   ✦ 보호하다

1. teach

2. cook

3. protect

4. help

C 그림을 보고 알맞은 단어를 [보기] 에서 찾아 써 보세요.

[보기]   ✦teach   ✦protect   ✦cook   ✦put out

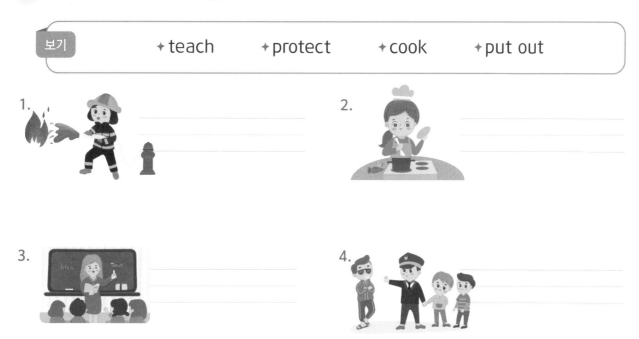

1. _____

2. _____

3. _____

4. _____

D 그림을 보고 빈칸을 채워 문장을 완성해 보세요.

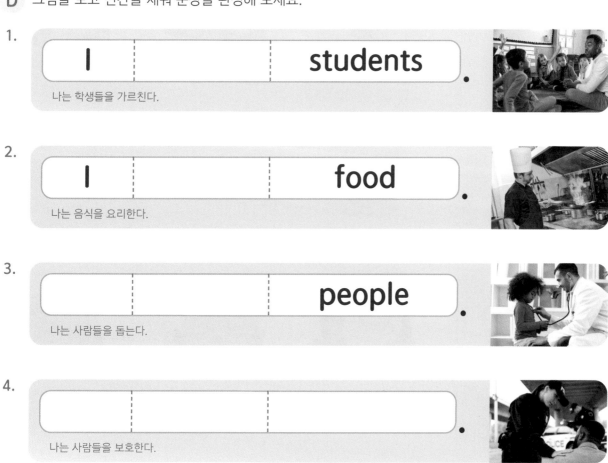

1. | I | | students | .

나는 학생들을 가르친다.

2. | I | | food | .

나는 음식을 요리한다.

3. | | | people | .

나는 사람들을 돕는다.

4. | | | | .

나는 사람들을 보호한다.

23 직업과 장소 복습 Unit 20~22

A 그림에 알맞은 단어를 보기 에서 찾아 두 번씩 써 보세요.

보기
doctor
teacher
firefighter

1.

2.

3.

보기
chef
school
hospital

4.

5.

6.

보기
restaurant
fire station
police station

7.

8.

9.

B 그림을 보고 알맞은 말에 ○표를 해 보세요.

1.

protect

cook

2.

help

teach

3.

teach

protect

4.

cook

put out

C 직업과 어울리는 장소를 찾아 선으로 연결해 보세요.

1.

police officer •

• in a fire station

2.

firefighter •

• in a police station

3.

doctor •

• in a hospital

D 주어진 단어와 문장부호를 바르게 배열하여 문장을 완성해 보세요.

1.

in a hospital	.	I	work

➡ _____

나는 병원에서 일한다.

2.

am	a chef	.	I

➡ _____

나는 요리사이다.

3.

.	people	protect	I

➡ _____

나는 사람들을 보호한다.

E 문장을 읽고 해당하는 직업을 나타내는 그림에 O표를 해 보세요.

1.

I work in a school. I teach students.

2.

I work in a restaurant. I cook food.

24 탈것을 나타내는 말

car 자동차

This is a car. 이것은 자동차이다.

★ This is ~: '이것은 ~이다'라는 뜻으로, 가까운 사물을 가리킬 때 써요.

bus 버스

빠진 글자를 써 봐요.

This is a b__ . 이것은 버스이다.

bicycle 자전거

This is a bi__cle . 이것은 자전거이다.

plane 비행기

This is a p__ne . 이것은 비행기이다.

subway 지하철

This is the sub__y . 이것은 지하철이다.

A 그림을 보고 알맞은 단어에 O표를 해 보세요.

1.

bicycle   bus   plane

2.

subway   bicycle   bus

3.

plane   subway   car

4.

bus   plane   subway

B 단어를 읽고 알맞은 우리말 뜻을 보기 에서 찾아 써 보세요.

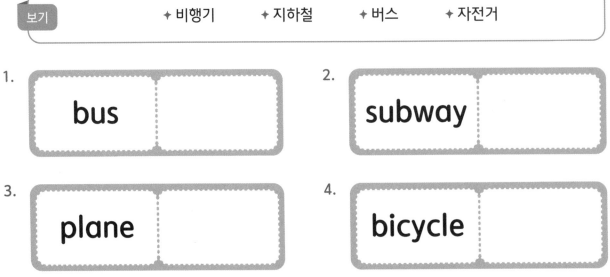

보기   ✦ 비행기   ✦ 지하철   ✦ 버스   ✦ 자전거

1. **bus**

2. **subway**

3. **plane**

4. **bicycle**

C 그림을 보고 알맞은 단어를 보기 에서 찾아 써 보세요.

보기   ✦bicycle   ✦subway   ✦car   ✦plane

1.

2.

3.

4.

D 그림을 보고 빈칸을 채워 문장을 완성해 보세요.

1.
| This | is | a | |
이것은 자동차이다.

2.
| This | is | | |
이것은 자전거이다.

3.
| This | | | |
이것은 비행기이다.

4.
| | | | |
이것은 버스이다.

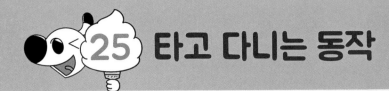

25 타고 다니는 동작

drive | 운전하다

I drive a car.   나는 자동차를 운전한다.

▶ 차를 타거나 내리고 운전하는 단어는 탈것의 종류에 따라 달라요. 다양한 단어와 표현을 익혀 봐요.

get on 타다

빠진 글자를 써 봐요.

I get ___ a bus.
나는 버스를 탄다.

get off 내리다

I get ____ the subway.
나는 지하철에서 내린다.

ride (자전거를) 타다

I ___de a bicycle.
나는 자전거를 탄다.

take 타다

I t___e* a plane.
나는 비행기를 탄다.

*take는 '타다'라는 뜻으로 get on과 우리말 뜻은 같지만 의미에 약간의 차이가 있어요. get on은 탈것에 타는 동작에 집중하는데, take는 탈것을 타고 이동한다는 의미가 강해요.

A 그림을 보고 알맞은 말에 O표를 해 보세요.

1.   drive   ride   get off

2.   get off   drive   ride

3.   get off   take   drive

4.   drive   get on   ride

B 단어를 읽고 알맞은 우리말 뜻을 보기 에서 찾아 써 넣으세요.

보기   ✦(자전거를) 타다   ✦(버스를) 타다   ✦내리다   ✦운전하다

1. **get on**

2. **ride**

3. **drive**

4. **get off**

C 그림을 보고 알맞은 단어를 보기 에서 찾아 써 보세요.

보기   ✦drive   ✦ride   ✦get off   ✦get on

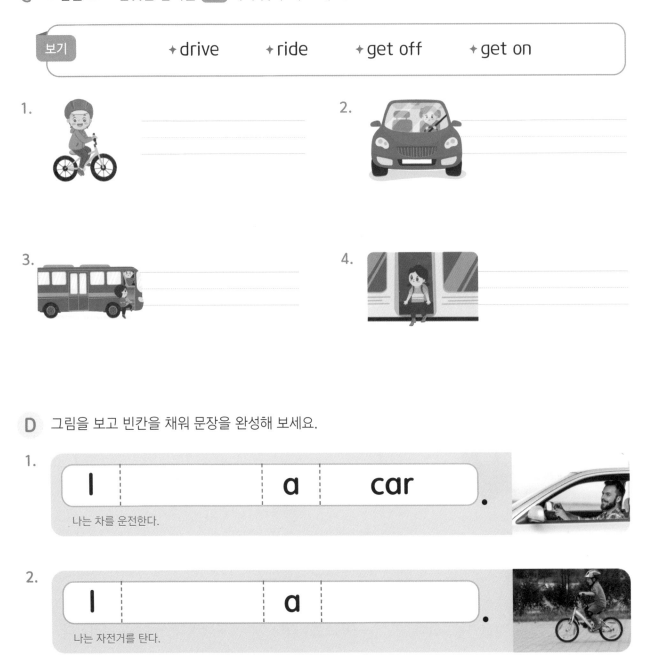

1. _____

2. _____

3. _____

4. _____

D 그림을 보고 빈칸을 채워 문장을 완성해 보세요.

1. | I | | a | car | .
나는 차를 운전한다.

2. | I | | a | | .
나는 자전거를 탄다.

3. | I | | a | | .
나는 버스를 탄다.

4. | I | | the | | .
나는 지하철에서 내린다.

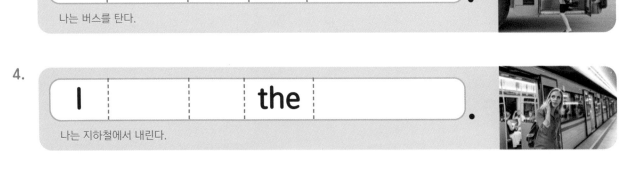

26 식물을 나타내는 말

| plant | 식물 |

Look at the plants. 식물들을 봐.

⭐ 'Look at ~(~을 봐)'라는 표현을 이용하여 주변 식물의 이름을 알아봐요.

fruit
과일

빠진 글자를 써 봐요.

Look at the fr__ts .
과일들을 봐.

tree
나무

Look at the tr__s .
나무들을 봐.

vegetable
야채

Look at the ve___ables .
야채들을 봐.

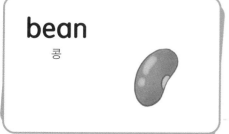

bean
콩

Look at the b__ns .
콩들을 봐.

A 그림을 보고 알맞은 단어에 O표를 해 보세요.

1.
tree   bean   fruit

2.
bean   vegetable   plant

3.
fruit   tree   bean

4.
tree   vegetable   fruit

B 단어를 읽고 알맞은 우리말 뜻을 보기 에서 찾아 써 넣으세요.

보기   ✦ 나무   ✦ 야채   ✦ 과일   ✦ 식물

1. fruit

2. vegetable

3. tree

4. plant

C 그림에 알맞은 단어를 보기 에서 찾아 써 보세요.

보기　　　　　　◆ tree　　◆ fruit　　◆ vegetable　　◆ bean

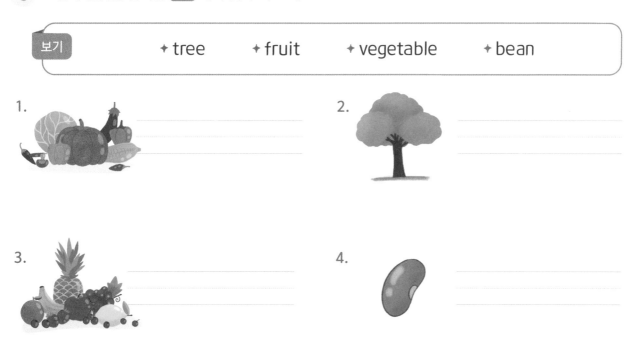

1. _____

2. _____

3. _____

4. _____

D 그림을 보고 빈칸을 채워 문장을 완성해 보세요.

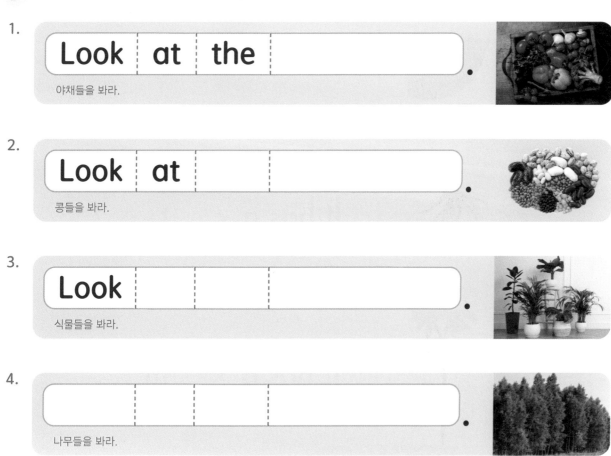

1. | Look | at | the | |
   .
   야채들을 봐라.

2. | Look | at | | |
   .
   콩들을 봐라.

3. | Look | | |
   .
   식물들을 봐라.

4. | | | | |
   .
   나무들을 봐라.

27 식물의 부분을 나타내는 말

| flower | 꽃 |

It has* a flower. 그것은 꽃을 가지고 있다.

▶ 식물은 씨앗, 잎, 뿌리, 줄기 등으로 이루어져 있어요.
식물을 구성하는 다양한 단어들을 알아봐요.

빠진 글자를 써 봐요.

seed
씨앗

It has a s__d.
그것은 씨앗을 가지고 있다.

leaf
잎

It has a l__f.
그것은 잎을 가지고 있다.

root
뿌리

It has a r__t.
그것은 뿌리를 가지고 있다.

stem
줄기

It has a s__m.
그것은 줄기를 가지고 있다.

*has는 '가지다'라는 뜻으로, have가 it, she, he 뒤에서는 has로 바뀌어요.

A 그림을 보고 알맞은 단어에 O표를 해 보세요.

1.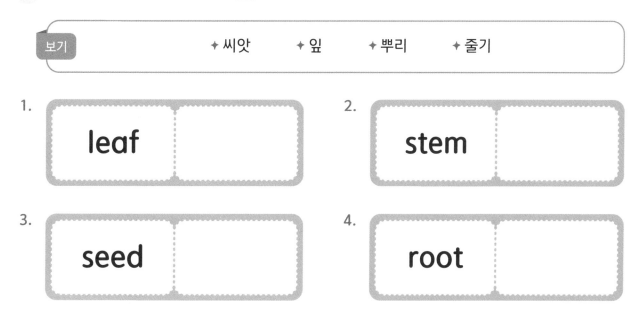
flower   seed   leaf

2.
flower   leaf   stem

3.
seed   leaf   root

4.
flower   stem   root

B 단어를 읽고 알맞은 우리말 뜻을 보기 에서 찾아 써 넣으세요.

보기   ✦ 씨앗   ✦ 잎   ✦ 뿌리   ✦ 줄기

1. | leaf | |

2. | stem | |

3. | seed | |

4. | root | |

C 그림을 보고 알맞은 단어를 [보기]에서 찾아 써 보세요.

[보기] ✦seed   ✦stem   ✦root   ✦leaf

1. _____

2. _____

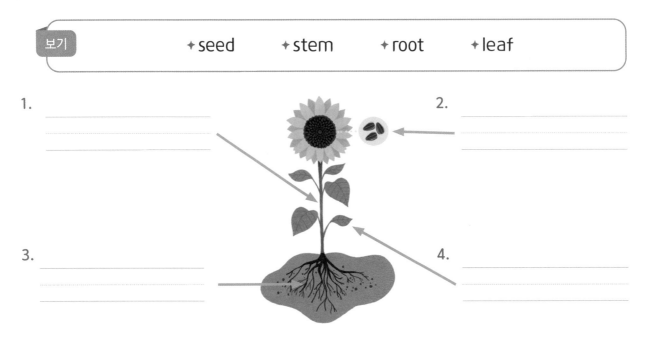

3. _____

4. _____

D 그림을 보고 빈칸을 채워 문장을 완성해 보세요.

1.
| It | has | a | |
그것은 씨앗을 가지고 있다.

2.
| It | | a | |
그것은 줄기를 가지고 있다.

3.
| It | | | |
그것은 잎을 가지고 있다.

4.
| | | | |
그것은 꽃을 가지고 있다.

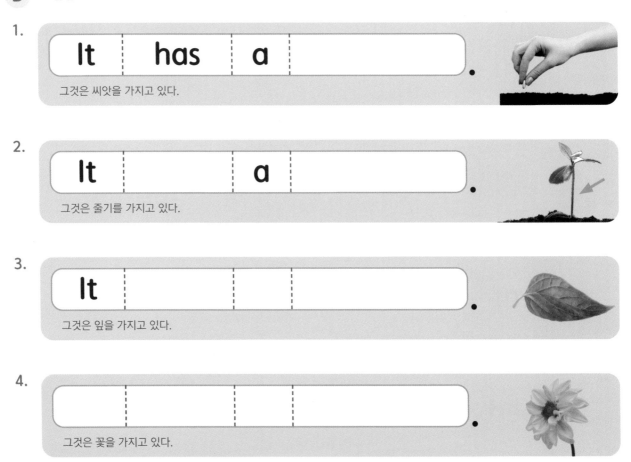

A 그림에 알맞은 단어를 보기 에서 찾아 두 번씩 써 보세요.

보기
car
bus
bicycle

1.

2.

3.

보기
plane
subway
tree

4.

5.

6.

보기
fruit
vegetable
bean

7.

8.

9.

B 그림을 보고 알맞은 단어에 O표를 해 보세요.

1.
get off

drive

2.
ride

drive

3.
take

ride

4.
get off

get on

5.
flower

seed

6.
leaf

root

7.
leaf

stem

8.
root

seed

C 주어진 단어와 문장부호를 바르게 배열하여 문장을 완성해 보세요.

1.

a stem	has	.	It

➡ _____

그것은 줄기를 가지고 있다.

2.

.	Look	the plants	at

➡ _____

식물들을 봐라.

3.

is	.	a bicycle	This

➡ _____

이것은 자전거이다.

D 우리말에 맞게 알맞은 단어를 보기 에서 찾아 써 보세요.

보기   ✦ride   ✦get off   ✦get on

1.

I _____ _____ a bus.

나는 버스를 탄다.

2.

I _____ _____ the subway.

나는 지하철에서 내린다.

3.

I _____ a bicycle.

나는 자전거를 탄다.

다 외웠나요?
맞힌 단어에 V표를
해 보세요.

2권 단어 최종 점검

🌼 부모님이 뜻을 읽어주고, 아이가 단어를 대답하게 하는 방식으로 활용할 수 있어요.

동물과 동작		
Unit 01	☑ cat	고양이
	☐ dog	개
	☐ rabbit	토끼
	☐ fish	물고기
	☐ frog	개구리
Unit 02	☐ bird	새
	☐ monkey	원숭이
	☐ bear	곰
	☐ lion	사자
	☐ elephant	코끼리
Unit 03	☐ fly	날다
	☐ swim	헤엄치다, 수영하다
	☐ dive	다이빙하다
	☐ climb	오르다
	☐ smile	미소 짓다
Unit 04	☐ walk	걷다
	☐ dance	춤추다
	☐ talk	말하다
	☐ clap	박수를 치다
	☐ ski	스키를 타다
숫자, 시각, 요일		
Unit 06	☐ one	1, 하나
	☐ two	2, 둘
	☐ three	3, 셋
	☐ four	4, 넷
	☐ five	5, 다섯
	☐ six	6, 여섯
	☐ seven	7, 일곱

Unit 07	☐ eight	8, 여덟
	☐ nine	9, 아홉
	☐ ten	10, 열
Unit 08	☐ one o'clock	1시
	☐ two o'clock	2시
	☐ three o'clock	3시
	☐ four o'clock	4시
	☐ five o'clock	5시
	☐ six o'clock	6시
	☐ seven o'clock	7시
	☐ eight o'clock	8시
	☐ nine o'clock	9시
	☐ ten o'clock	10시
	☐ eleven o'clock	11시
	☐ twelve o'clock	12시
Unit 09	☐ Sunday	일요일
	☐ Monday	월요일
	☐ Tuesday	화요일
	☐ Wednesday	수요일
	☐ Thursday	목요일
	☐ Friday	금요일
	☐ Saturday	토요일
운동 경기, 악기, 하루		
Unit 11	☐ soccer	축구
	☐ baseball	야구
	☐ tennis	테니스
	☐ badminton	배드민턴
	☐ basketball	농구

	단어	뜻
Unit 12	☐ piano	피아노
	☐ violin	바이올린
	☐ guitar	기타
	☐ cello	첼로
	☐ drum	드럼
Unit 13	☐ morning	아침
	☐ afternoon	오후
	☐ evening	저녁
	☐ night	밤
	☐ bye	안녕
Unit 14	☐ breakfast	아침 식사
	☐ lunch	점심 식사
	☐ dinner	저녁 식사
	☐ bath	목욕
	☐ class	수업

학교

	단어	뜻
Unit 16	☐ book	책
	☐ pencil	연필
	☐ ruler	자
	☐ crayon	크레용
	☐ notebook	공책
Unit 17	☐ classroom	교실
	☐ music room	음악실
	☐ library	도서관
	☐ art room	미술실
	☐ playground	운동장, 놀이터
Unit 18	☐ study	공부하다
	☐ read	읽다
	☐ draw	그리다
	☐ sing	노래하다
	☐ swing	그네를 타다

직업과 장소

	☐ doctor	의사
	☐ teacher	선생님

	단어	뜻
Unit 20	☐ chef	요리사
	☐ firefighter	소방관
	☐ police officer	경찰관
Unit 21	☐ school	학교
	☐ hospital	병원
	☐ restaurant	식당
	☐ fire station	소방서
	☐ police station	경찰서
Unit 22	☐ help	돕다
	☐ teach	가르치다
	☐ cook	요리하다
	☐ protect	보호하다
	☐ put out	(불을) 끄다

탈것과 식물

Unit 24	☐ car	자동차
	☐ bus	버스
	☐ bicycle	자전거
	☐ plane	비행기
	☐ subway	지하철
Unit 25	☐ drive	운전하다
	☐ get on	타다
	☐ get off	내리디
	☐ ride	(자전거를) 타다
	☐ take	타다
Unit 26	☐ plant	식물
	☐ fruit	과일
	☐ tree	나무
	☐ vegetable	야채
	☐ bean	콩
Unit 27	☐ flower	꽃
	☐ seed	씨앗
	☐ leaf	잎
	☐ root	뿌리
	☐ stem	줄기

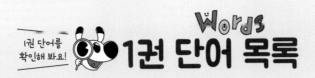

1권 단어를 확인해 봐요!

Words 1권 단어 목록

몸과 동작 (Unit 01~05)

face	얼굴
nose	코
mouth	입
head	머리
neck	목
eye	눈
hand	손
leg	다리
ear	귀
arm	팔
tooth	치아
foot	발
knee	무릎
finger	손가락
toe	발가락
see	보다
hear	듣다
smell	냄새를 맡다
touch	만지다
taste	맛보다
jump	뛰어오르다
run	달리다
think	생각하다
write	쓰다
hug	껴안다

감정과 가족 (Unit 07~10)

happy	행복한
sad	슬픈
angry	화가 난
hungry	배고픈
full	배부른
great	정말 좋은

bad	나쁜
sleepy	졸린
shy	부끄러워하는
thirsty	목마른
family	가족
father	아버지
mother	어머니
brother	남동생, 형, 오빠
sister	여동생, 언니, 누나
baby	아기
grandfather	할아버지
grandmother	할머니
uncle	삼촌
aunt	이모, 고모

집과 물건 (Unit 12~14)

house	집
kitchen	부엌
bedroom	침실
bathroom	욕실
living room	거실
bed	침대
desk	책상
lamp	램프
sofa	소파
table	탁자
door	문
chair	의자
dish	그릇
fridge	냉장고
window	창문

날씨와 계절 (Unit 16~19)

sun	해
rain	비

cloud	구름
wind	바람
snow	눈
sunny	맑은
rainy	비가 오는
cloudy	흐린
windy	바람이 부는
snowy	눈이 오는
warm	따뜻한
hot	더운
cool	선선한, 시원한
cold	추운
dry	건조한
spring	봄
summer	여름
fall	가을
winter	겨울
season	계절

자연과 특징 (Unit 21~24)

sea	바다
river	강
lake	호수
mountain	산
hill	언덕
salty	(맛이) 짠
long	긴
large	넓은
high	높은
low	낮은
big	(크기가) 큰
small	(크기가) 작은
hard	딱딱한
soft	부드러운

strong	강한
weak	약한
dark	어두운
light	밝은
tall	(키가) 큰
short	(키가) 작은
fat	뚱뚱한
thin	마른
clean	깨끗한
dirty	더러운
new	새로운
old	오래된
slow	느린
fast	빠른
left	왼쪽의
right	오른쪽의

색깔, 과일, 옷 (Unit 26~28)

red	빨간, 빨간색
white	흰, 흰색
black	검은, 검은색
green	초록빛의, 초록색
blue	파란, 파란색
apple	사과
lemon	레몬
watermelon	수박
orange	오렌지
banana	바나나
dress	원피스
shirt	셔츠
skirt	치마
jacket	재킷
pants	바지

초등학생을 위한

바쁜 빠른 영단어
Starter ②

정답

ANSWERS

 **01** 9~10쪽

A 1. dog   2. frog
3. fish   4. rabbit

B 1. my cat   2. my fish
3. your rabbit   4. your frog

C

my dog   my rabbit   my fish

your frog   your cat

D 1. 너의 토끼
2. 나의 물고기
3. 나의 개구리, 너의 개구리
4. 나의 개, 너의 개

D

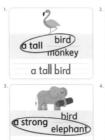

a tall bird   a fast lion

a strong elephant   a dirty bear

03 15~16쪽

A 1. fly   2. dive
3. climb   4. smile

B 1. 다이빙하다   2. 날다
3. 오르다   4. 헤엄치다

C 1. climb   2. smile
3. dive   4. fly

D 1. swim   2. dive
3. can, climb   4. can, smile

05 20~22쪽

A (두 번씩 써야 정답으로 인정)

1. fish   2. frog
3. rabbit   4. lion
5. monkey   6. cat
7. bird   8. elephant
9. bear

B 1. swim   2. fly
3. talk   4. ski
5. smile   6. walk
7. climb   8. clap

C 1. can, fly   2. can, climb
3. can, dive

D 1. Rabbits can't dance.
2. Lions can't clap.
3. Bears can't talk.

02 12~13쪽

A 1. bear   2. lion
3. monkey   4. elephant

B 1. a tall bird
2. a fast lion
3. a small monkey
4. a strong elephant

C 1. 빠른 사자
2. 곰
3. 원숭이, 작은 원숭이
4. 코끼리, 힘센 코끼리

04 18~19쪽

A 1. walk   2. dance
3. talk

B 1. can't, clap
2. can't, dance
3. can't, ski

C 1. dance   2. walk
3. clap   4. ski

D 1. talk   2. clap
3. can't, ski
4. can't, dance

06 24~25쪽

A 1. one   2. three
3. four   4. two

B 1. 셋   2. 하나
3. 다섯   4. 넷

C 1. two   2. four
3. five   4. one

D 1. two
2. three, fish
3. have, four, fish
4. I, have, five, fish

 07 27~28쪽

A **1.** seven **2.** nine
  3. ten **4.** six

B **1.** 열 **2.** 여덟
  3. 여섯 **4.** 일곱

C **1.** seven **2.** eight
  3. nine **4.** six

D **1.** six
  2. eight, fish
  3. have, nine, fish
  4. I, have, ten, fish

08 30~31쪽

A

B **1.** eleven o'clock
  2. twelve o'clock
  3. seven o'clock
  4. two o'clock

C **1.** four
  2. eight, o'clock
  3. ten, o'clock
  4. It's, twelve, o'clock

09 33~34쪽

A **1.** Sunday **2.** Monday
  3. Tuesday
  4. Wednesday
  5. Thursday **6.** Friday
  7. Saturday

B

C **1.** Sunday
  2. Tuesday
  3. It's, Thursday
  4. It's, Saturday

10 35~37쪽

A (두 번씩 써야 정답으로 인정)
  1. one **2.** eight
  3. four **4.** five
  5. three **6.** ten
  7. Friday **8.** Thursday
  9. Tuesday

B **1.** two o'clock
  2. five o'clock
  3. ten o'clock
  4. eight o'clock

C **1.** Monday **2.** Tuesday
  3. Friday

D **1.** I have five fish.
  2. I have eight fish.
  3. I have ten fish.

E **1.** twelve, o'clock
  2. seven, o'clock
  3. eleven, o'clock

11 39~40쪽

A **1.** tennis **2.** baseball
  3. badminton **4.** soccer

B **1.** 배드민턴 **2.** 축구
  3. 야구 **4.** 농구

C **1.** basketball **2.** baseball
  3. tennis **4.** soccer

D **1.** baseball **2.** badminton
  3. play, basketball
  4. I, play, soccer

12 42~43쪽

A **1.** piano **2.** cello
  3. drum **4.** guitar

B **1.** 바이올린 **2.** 드럼
  3. 피아노 **4.** 기타

C 1. violin 2. piano
3. drum 4. guitar
D 1. piano
2. play, drum
3. play, the, cello
4. I, play, the, violin

13 45~46쪽
A 1. morning 2. evening
3. afternoon 4. night
B 1. 오후 2. 밤
3. 저녁 4. 아침
C 1. morning 2. evening
3. night 4. afternoon
D 1. morning 2. afternoon
3. evening 4. night

14 48~49쪽
A 1. breakfast 2. lunch
3. bath 4. dinner
B 1. 수업 2. 점심 식사
3. 아침 식사 4. 저녁 식사
C 1. class 2. bath
3. lunch 4. breakfast
D 1. breakfast
2. time, lunch
3. time, for, dinner
4. It's, time, for, class

15 50~52쪽
A (두 번씩 써야 정답으로 인정)
1. soccer 2. baseball
3. tennis 4. violin
5. piano 6. guitar
7. basketball 8. badminton
9. drum
B 1. morning 2. night
3. breakfast 4. dinner
5. bath 6. afternoon
7. lunch 8. evening
C 1. It's time for lunch.
2. It's time for breakfast.
3. It's time for dinner.
D 1. cello
2. basketball
3. baseball

16 54~55쪽
A 1. pencil 2. ruler
3. book 4. crayon
B 1. 연필 2. 자
3. 크레용 4. 공책
C 1. crayon 2. ruler
3. notebook 4. pencil
D 1. book
2. a, notebook
3. is, a, ruler
4. It, is, a, pencil

17 57~58쪽
A 1. library
2. music room
3. art room
4. playground
B 1. 미술실 2. 교실
3. 음악실 4. 도서관
C 1. playground 2. art room
3. library 4. music room
D 1. classroom 2. in, library
3. in, the, art room
4. They, are, in, the, playground

18 60~61쪽
A 1. study 2. read
3. sing 4. swing
B 1. 교실에서 공부하다
2. 그리다, 미술실에서 (그림을) 그리다
3. 운동장에서 그네를 타다
4. 읽다, 도서관에서 (책을) 읽다
C 1. draw 2. swing
3. read 4. sing
D 1. study
2. draw, art room
3. sing, in, music room
4. read, in, the, library

 **19** 62~64쪽

A (두 번씩 써야 정답으로 인정)

1. book   2. ruler

3. pencil   4. notebook

5. crayon   6. music room

7. playground 8. library

9. art room

B 1. study   2. draw

3. swing   4. read

C

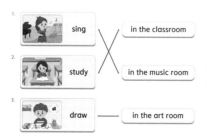

D 1. They are in the library.

2. They are in the playground.

3. They are in the music room.

E 1. draw   2. read

3. study

20 66~67쪽

A 1. chef   2. doctor

3. firefighter

4. police officer

B 1. 선생님   2. 의사

3. 소방관   4. 경찰관

C 1. teacher   2. firefighter

3. police officer

4. chef

D 1. docter   2. a, teacher

3. am, a, chef

4. I, am, a, police officer

21 69~70쪽

A 1. hospital   2. fire station

3. restaurant

4. police station

B 1. 병원   2. 학교

3. 소방서   4. 경찰서

C 1. restaurant   2. hospital

3. fire station   4. school

D 1. hospital

2. a, restaurant

3. in, a, police station

4. I, work, in, a, fire station

22 72~73쪽

A 1. teach

2. protect

3. put out

4. cook

B 1. 가르치다   2. 요리하다

3. 보호하다   4. 돕다

C 1. put out   2. cook

3. teach   4. protect

D 1. teach

2. cook

3. I, help

4. I, protect, people

23 74~76쪽

A (두 번씩 써야 정답으로 인정)

1. doctor   2. firefighter

3. teacher   4. chef

5. hospital   6. school

7. police station

8. restaurant 9. fire station

B 1. cook   2. help

3. teach   4. put out

C

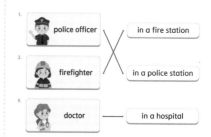

D 1. I work in a hospital.

2. I am a chef.

3. I protect people.

E

24 78~79쪽

A 1. bus 2. bicycle
3. car 4. subway

B 1. 버스 2. 지하철
3. 비행기 4. 자전거

C 1. plane 2. car
3. subway 4. bicycle

D 1. car 2. a, bicycle
3. is, a, plane
4. This, is, a, bus

25 81~82쪽

A 1. drive 2. ride
3. take 4. get on

B 1. (버스를) 타다
2. (자전거를) 타다
3. 운전하다 4. 내리다

C 1. ride 2. drive
3. get on 4. get off

D 1. drive
2. ride, bicycle
3. get, on, bus
4. get, off, subway

26 84~85쪽

A 1. bean 2. plant
3. fruit 4. tree

B 1. 과일 2. 야채
3. 나무 4. 식물

C 1. vegetable 2. tree
3. fruit 4. bean

D 1. vegetables 2. the, beans
3. at, the, plants
4. Look, at, the, trees

27 87~88쪽

A 1. flower 2. leaf
3. seed 4. root

B 1. 잎 2. 줄기
3. 씨앗 4. 뿌리

C 1. stem 2. seed
3. root 4. leaf

D 1. seed 2. has, stem
3. has, a, leaf
4. It, has, a, flower

28 89~91쪽

A (두 번씩 써야 정답으로 인정)
1. car 2. bicycle
3. bus 4. subway
5. plane 6. tree
7. bean 8. fruit
9. vegetable

B 1. drive 2. ride
3. take 4. get on
5. seed 6. leaf
7. stem 8. root

C 1. It has a stem.
2. Look at the plants.
3. This is a bicycle.

D 1. get, on 2. get, off
3. ride